Impatiens
walleriana Lumina rose

Impatiens walleriana F1 Candy blanc

Les Impatiences

Rien n'est plus beau que la plus simple des fleurs, telle l'Impatience !

Pour les Turcs, elle représente l'amour ardent à cause de ses fruits qui libèrent leurs graines spontanément au moindre contact, lorsqu'elle arrive à maturité. C'est aussi de là que lui vient son nom d'impatience ou herbe de Sainte-Marie. Autrefois, cette plante jouissait d'une haute estime pour sa capacité à atténuer les douleurs de l'enfantement. On la disait aussi efficace pour guérir la stérilité.

Introduite en France depuis une centaine d'années seulement, la « balsamine de Zanzibar », comme on l'appelait alors, s'est rapidement imposée dans tous les massifs d'été, les balcons où l'ombre domine.

Elle est d'ailleurs très peu concurrencée, car même les plantes vivaces dites d'ombre n'offrent pas une telle débauche de fleurs et de couleurs : simples, bicolores ou doubles, du blanc au violet en passant par toutes les nuances de rose, de rouge et de l'orangé. L'impatience est aussi une excellente plante d'intérieur.

Ce vaste genre compte quelque huit cent cinquante espèces d'annuelles aux tiges succulentes, de vivaces persistantes réparties en zone tropicale et subtropicale, en particulier en Asie et en Afrique. De nombreuses espèces vivaces sous climat doux sont habituellement cultivées en annuelles sous climat froid.

Impatiens walleriana F1 Candy mélange / Impatiens walleriana Appleblossom

Classification

Nom latin : Impatiens
Nom français : Impatience
Famille : Balsaminacées

● Impatiens walleriana

Synonyme : Impatiens sultanii
C'est l'impatience commune. Originaire des régions tropicales de l'Est africain, cette vivace persistante et succulente est cultivée dans nos régions comme une annuelle. Elle présente de tendres tiges charnues striées de rougeâtre et des feuilles ovales vert frais. Les fleurs plates à éperon s'épanouissent dans des tons multiples du printemps à la fin de

Impatiens hybride de Nouvelle-Guinée Paradise Tahiti

l'automne. Il y a quelques années sont apparues les fleurs doubles si romantiques. Elles ressemblent à de petits boutons de rose et sont plus délicates que leurs consœurs à fleurs simples. Il est préférable de les garder en pot, ce qui permet de mieux les soigner et de mieux profiter de la floraison

Des incontournables

F1 Stardust mélange
F1 Tempo blanc
F1 Expo Blush
F1 Explore Violet Blush
Impatiens walleriana :
série Lumina et série Fiesta
Impatiens hybride de Nouvelle-Guinée : série Paradise
Impatiens niamniamensis

se prolongeant une grande partie de l'hiver lorsqu'elles sont abritées.

C'est une plante buissonnante peu rustique, de croissance rapide, atteignant 30 à 60 cm de hauteur. Il faut l'arroser copieusement. On continue à profiter de sa généreuse floraison en la mettant sous abri dès les premières gelées automnales.

Impatiens Seashell, une nouvelle série d'impatiences résultant de plusieurs années de recherches pour croiser l'espèce sauvage et l'espèce walleriana, est un croisement qui a permis des couleurs de jaune, saumoné et orange.

● Impatiens hybride de Nouvelle-Guinée ou Impatiens hawkeri

Hybrides issues d'une espèce de Nouvelle-Guinée, ces vivaces non rustiques, de croissance rapide, de 30 à 45 cm en tous sens, sont cultivées en annuelles sous climat froid, et surtout comme potées fleuries. Elles portent des feuilles ovales pointues vert bronze uni ou panaché de crème et exhibent des fleurs plates munies d'un éperon rose, orange, rouge ou cerise, parfois strié de blanc. Il existe de nombreux cultivars sur le marché. Toutes prospèrent en situation bien éclairée à l'intérieur sous climat froid, au jardin pendant la belle saison.

Les nouveautés :

Impatiens walleriana :
F1 Stardust mélange
F1 Explore Picotee Pink
F1 Explore Picotee Raspberry
F1 Mosaïc Coral Mixed
série Lumina
Impatiens hybride de Nouvelle-Guinée : série Harmony

Impatiens balsamina ou Balsamine des jardins

Originaire d'Inde, de Chine et de Malaisie, cette annuelle buissonnante et érigée pousse assez rapidement pour atteindre 30 à 45 cm de hauteur pour 20 à 25 cm d'étalement. Elle porte des feuilles lancéolées vert vif et , tout l'été et au début de l'automne, de petites fleurs de camélia. Les coloris sont très variés. Peu rustique, cette espèce courante de jardin se plaît en situation ensoleillée ou mi-ombragée.

Rentrez les impatiences lorsque la température chute sous 0° C et continuez à profiter de leur floraison qui se prolonge durant une grande partie de l'hiver.

Impatiens niamniamensis

Arbuste original peu rustique et à organes succulents. Originaire du Zaïre, cette espèce, d' un mètre de hauteur, présente des fleurs tricolores (rouge, jaune, vert) en forme de bec de perroquet sous les feuilles. Elle apprécie une situation ombragée à l'extérieur, mais fleurit douze mois sur douze en véranda.

Impatiens glandulifera

Synonyme : Impatiens roylei
Originaire de l'Himalaya, mais naturalisée en Europe, cette nouvelle rustique, de 1,80 m de hauteur, a tendance à se ressemer abondamment. Ses épaisses tiges charnues, tout particulièrement à leur base, exhibent en été quantité de fleurs pourpre rosé ou parfois blanc taché de jaune à l'intérieur.

**Impatiens walleriana
double Victorian rose**

Une sélection d'espèces intéressantes :
beauté, rusticité, floribondité

Pour faciliter votre choix, un tableau donne tous les renseignements nécessaires (couleur, époque de floraison, forme de la fleur, vigueur, floribondité, etc). Les espèces naturelles sont en majuscules, Les croisements obtenus à partir de différentes variétés naturelles sont en minuscules.

Quelques définitions

– *éperon : prolongement en cornet effilé des pétales de la fleur*

– *hybride F1 : graine de première génération*
Caractéristiques : graine pure, homogène, d'aspect et de précocité excellents.

– *succulente : qui contient beaucoup de suc. Les tiges des impatiences sont gorgées d'eau.*

Une sélection d'espèces intéressantes : *beauté, rusticité, floribondité*	Légende : Incontournable Nouveauté					

| Variétés | F L E U R | | Plante | Hauteur (cm) | floribondité | particularités |
	couleur	forme	forme			
IMPATIENS WALLERIANA						
F1 Stardust N mélange	vieux rose, violet, saumon, framboise	simple	bien ramifiée	20	variété très florifère	originale grâce à ses dessins en étoile au cœur de la fleur
F1 Cupido orange	orange foncé	simple	de très bonne tenue	20	variété très florifère	une merveille
F1 Cupido abricot	pêche au cœur orangé	simple	de très bonne tenue	20	variété très florifère	très beau avec coleus
F1 Cupido Bourgogne	rouge cramoisi	simple	de très bonne tenue	20	variété très florifère	à marier avec des couleurs tendres
F1 Deco rose	rose fuchsia	simple	de très bonne tenue	20	pétales résistant bien aux intempéries	très beau avec lobelia
F1 Tempo blanc	blanc pur	simple	vigoureuse	20	très florifère	la meilleure variété blanche

Variétés	F L E U R couleur	forme	Plante forme	Hauteur (cm)	floribondité	particularités
F1 Tempo rouge	rouge brillant	simple	vigoureuse	20	très belles fleurs larges	à associer à des fleurs blanches
F1 Tempo Peach Frost	saumon à œil orange	simple	vigoureuse	20	très belles fleurs larges	
F1 Expo Blush	rose tendre au cœur framboise	simple	vigoureuse	20	grandes fleurs	une beauté
F1 Explore Blue Satin	lilas à reflet bleu	simple	très compacte	15 - 18	très florifère et homogène	excellente plante de massif
F1 Explore Coral Star	saumon étoilé blanc	simple	très compacte	15 - 18	très florifère et homogène	excellente plante de massif
F1 Explore N Picotee Pink	rose bordé rose foncé		très compacte	15 - 18	très florifère et homogène	excellente plante de massif
F1 Candy	blanc à œil framboise	simple	très compacte	15 - 18	très florifère et homogène	excellente plante de massif

Impatiens walleriana Coral Bells

| Variétés | F L E U R | | Plante | Hauteur (cm) | floribondité | particularités |
	couleur	forme	forme			
F1 Super Elfin	mélange de couleurs pastel	simple	très compacte	15 - 18	très florifère et homogène	excellente plante de massif
F1 Unique	mélange de couleurs vives	simple	très compacte	15 - 18	très florifère et homogène	excellente plante de massif
F1 Cajun Mix	mélange de couleurs vives	simple	très compacte	15 - 18	très florifère et homogène	excellente plante de massif
F1 Explore N Picotee Raspberry	violet au cœur piqueté de blanc	simple	très compacte	15 - 18	très florifère et homogène	excellente plante de massif
F1 Explore Violet Blush	blanc à œil orange	simple	très compacte	15 - 18	très florifère et homogène	excellente plante de massif
F1 Explore Peach Butterfly	pêche à oeil orange	simple	très compacte	15 - 18	très florifère et homogène	excellente plante de massif
F1 Mosaïc Coral Mixed (mélange) N	couleurs vives piquetées de blanc	simple	extrêmement vigoureuse	15 - 18	variété très florifère	belles teintes lumineuses

Une sélection d'espèces intéressantes : beauté, rusticité, floribondité		Légende : Incontournable N Nouveauté				

Variétés	F L E U R		P l a n t e	Hauteur (cm)	floribondité	particularités
	couleur	forme	forme			
IMPATIENS WALLERIANA **Série Lumina N**	blanc, lavande-orange foncé, rose, saumon, rouge, violet-rose	simple	port très compact, mini-impatiens	10 - 15	un festival de couleurs	une multitude de petites fleurs brillantes, à conseiller en potées
IMPATIENS WALLERIANA **Série Fiesta :**						
- White	blanc	double	croissance vigoureuse	20 et +	un peu moins florifère que les variétés à fleurs simples	merveilleuses petites fleurs roses, à pincer si elles s'allongent trop. Appleblossom est la variété la plus délicate (superbe)
- Coral Bells	rose saumon	double	croissance vigoureuse	20 et +	un peu moins florifère que les variétés à fleurs simples	
- Salsa Red	rouge	double	croissance vigoureuse	20 et +	un peu moins florifère que les variétés à fleurs simples	
- Purple Pinata	rouge bourgogne à petit cœur blanc	double	croissance vigoureuse	20 et +	un peu moins florifère que les variétés à fleurs simples	feuillage bordé de crème
- Stardust Lavender	lilas clair à cœur blanc	double	croissance vigoureuse	20 et +	un peu moins florifère que les variétés à fleurs simples	

Impatiens walleriana Sparkler Salmon

| Une sélection d'espèces intéressantes :
beauté, rusticité, floribondité | | | Légende :
  Incontournable   **N** Nouveauté | | | |

Variétés	F L E U R		Plante	Hauteur (cm)	floribondité	particularités
	couleur	forme	forme			
- Pink Ruffles	rose tendre	double	croissance vigoureuse	20 et +	un peu moins florifère que les variétés à fleurs simples	
- Diamond Pink	rose	double	croissance vigoureuse	20 et +	un peu moins florifère que les variétés à fleurs simples	
- Appleblossom	rose pastel à cœur rose	double	croissance vigoureuse	20 et +	un peu moins florifère que les variétés à fleurs simples	merveilleuses petites fleurs roses, à pincer si elles s'allongent trop. Appleblossom est la variété la plus délicate (superbe)
- Ice Peace	rose pâle	double	croissance vigoureuse	20 et +	un peu moins florifère que les variétés à fleurs simples	
- Sparkler Salmon	saumon	double	croissance vigoureuse	20 et +	un peu moins florifère que les variétés à fleurs simples	feuillage bordé de crème
- Sparkler Cherry	rose et blanc	double	croissance vigoureuse	20 et +	un peu moins florifère que les variétés à fleurs simples	
- Victorian	rose framboise	double	croissance vigoureuse	20 et +	un peu moins florifère que les variétés à fleurs simples	

	Légende :	
Une sélection d'espèces intéressantes : *beauté, rusticité, floribondité*	Incontournable	**N** Nouveauté

	FLEUR		Plante			
Variétés	couleur	forme	forme	Hauteur (cm)	floribondité	particularités
IMPATIENS HYBRIDE DE NOUVELLE-GUINÉE						
Vision Yellow	jaune	simple, de taille moyenne	port compact	20	très bonne	la première impatiens de Nouvelle-Guinée jaune
Java Mix	rose, saumon, rouge	simple à grandes fleurs	vigoureuse	30	très bonne	beau feuillage bicolore jaune et vert
Série Harmony **N**	blanc, ivoire, orange pêche, violet foncé, rose tendre	simple	vigoureuse, ramifiée	20 - 25	bonne en situation ensoleillée	très grandes fleurs sur un beau feuillage vert-bronze brillant
Série Pretty Girls :						
- **Vicky**	blanc à cœur rouge	simple	croissance moyenne	20 - 25	bonne floraison précoce	très belle gamme de bicolores
- **Sarah**	saumon orangé bicolore	simple	croissance moyenne	20 - 25	bonne floraison précoce	

Impatiens walleriana Tempo Peach Fr

Variétés	FLEUR couleur	forme	Plante forme	Hauteur (cm)	floribondité	particularités
- Alexis	rose clair à foncé, bicolore	simple	croissance moyenne	20 - 25	bonne floraison précoce	
- Spixis	lilas tendre à cœur rose foncé	simple	croissance moyenne	20 - 25	bonne floraison précoce	très belle gamme de bicolores
- Kallima	rose piqueté	simple	croissance moyenne	20 - 25	bonne floraison précoce	
Série Paradise :						
- Aruba	lilas cardinal	simple	compacte, parfaite ramification	20 - 25	fleurs précoces, très résistantes aux intempéries	très beau feuillage vert brillant
- Samoa	blanc à œil rose	simple	compacte, parfaite ramification	20 - 25	fleurs précoces, très résistantes aux intempéries	
- Bonaire	vieux rose	simple	compacte, parfaite ramification	20 - 25	fleurs précoces, très résistantes aux intempéries	

	FLEUR		Plante	Hauteur (cm)		
Variétés	couleur	forme	forme		floribondité	particularités
- Woya	rose tendre	simple	compacte, parfaite ramification	20 - 25	fleurs précoces, très résistantes aux intempéries	très beau feuillage vert brillant
- Lanai	rouge écarlate	simple	compacte, parfaite ramification	20 - 25	fleurs précoces, très résistantes aux intempéries	
- Guadeloupe	lilas à œil rose foncé	simple	compacte, parfaite ramification	20 - 25	fleurs précoces, très résistantes aux intempéries	
- Tahiti	rose clair à œil cerise	simple	compacte, parfaite ramification	20 - 25	fleurs précoces, très résistantes aux intempéries	
IMPATIENS BALSAMINA	coloris variés, jaune, blanc, rose, mauve…	simple à éperon	buissonnante	30 - 45	bonne tout l'été	à cultiver en situation ensoleillée
IMPATIENS NIAMNIAMENSIS	tricolore rouge, jaune et vert	simple à éperon	magnifique forme arbustive	100	florifère toute l'année sous abri	surprenante floraison en forme de bec de perroquet
IMPATIENS GLANDULIFERA	bicolore rose et blanc	simple à éperon	magnifique forme arbustive	100	florifère tout l'été	se naturalise en se ressemant, plante facile

Une sélection d'espèces intéressantes :
beauté, rusticité, floribondité

Légende :

 Incontournable **N** Nouveauté

Impatiens hybride
de Nouvelle-Guinée Pretty Girls

Impatiens, Lobelia et
Bacopa en mélange

Des conseils de plantation et d'entretien

Comment planter ?

Réputées faciles de culture, les impatiences vous demanderont :

- une terre légère et fraîche – un terreau universel pour la plantation en contenant auquel vous ajouterez 10 % de sable de rivière, pour le drainage.
- une exposition à mi-ombre ou ombre légère
- une distance de plantation d'environ 30 centimètres en pleine terre.

Pour réaliser des jardinières et coupes en association avec d'autres végétaux, pensez aux autres fleurs d'ombre telles que :
- Fuchsia, les fameuses clochettes
- Brachycome, une petite marguerite bleu-lavande
- Bacopa, aux rameaux retombants qui portent de minuscules fleurettes blanches
- Lobelia pendula, opulente plante aux petites fleurs bleues ou blanches, gracieuses
- Bégonia tubéreux, imposantes potées aux lourdes fleurs de teintes diverses
- Coleus, plantes à très beau feuillage.

Les impatiences doubles, aux fleurs plus délicates, ne sont pas faites pour la pleine terre. Il est préférable de les garder en pot et de les rentrer avant l'arrivée des premiers froids : les fleurs les plus belles ont besoin d'attentions régulières.

Impatiens et
bégonias
en jardinière

Comment les entretenir ?

Les impatiences aiment :

● *des arrosages réguliers, même
en pleine terre*

● *pas trop d'engrais* pour que le
feuillage ne se développe pas
au détriment des fleurs.

Si vous les fertilisez, employez un
engrais pour plantes fleuries (type
géranium), bien dosé en potasse.

Un dosage faible (dose du fabri-
cant divisé par deux) tous les
quinze jours est la règle pour ces
plantes redoutant les excès de
sels minéraux.

● *une température moyenne de
10 – 15° C*

Hormis I. glandulifera, toutes les
autres impatiences décrites sont
gélives. Rentrez-les dès que la
température descend en-dessous
de 5° C et hivernez-les à l'abri du
gel (serre, véranda, pièce fraîche).

● *un nettoyage* des fleurs doubles fanées, surtout lors de périodes pluvieuses, car l'humidité les fait pourrir.

● *une taille*
- pour les plantes hivernées en local frais. Rabattre la plante à 10-15 cm, en coupant au-dessus d'un nœud.
- pour les plantes âgées, qui auront besoin d'être ramifiées.

Les maladies et parasites

Les impatiences sont fragiles aux attaques des ravageurs.
L'espèce hybride de Nouvelle-Guinée est plus sensible. Elle redoute notamment les excès d'eau.

● *Botrytis ou pourriture grise*
Maladie assez courante sur l'espèce hybride de Nouvelle-Guinée. Une pourriture grise apparaît sur le feuillage et finit par envahir toute la plante.

Lutte : arrosez sans excès, ne mouillez pas le feuillage, laissez sécher le terreau entre deux arrosages.
Exposez la plante à une meilleure luminosité, voire en plein soleil.
Si l'infection persiste, pulvérisez le feuillage avec un fongicide anti-pourriture.

● *Thrips*
Cet insecte piqueur et suceur de sève provoque des malformations du feuillage et des taches sur les fleurs et le feuillage.
Lutte : pulvérisez la plante avec un insecticide naturel comme la roténone ou le pyrèthre.

● *Pucerons*
Les parties jeunes des plantes sont déformées par cet insecte.
Lutte : identique au Thrips.

La multiplication

Le semis

Semez les impatiences en février-mars si vous souhaitez avoir des plants prêts à fleurir, à installer en mai.

Les étapes

● Semez dans une terrine ou un pot empli de terreau de semis, en répartissant les graines le plus régulièrement possible. Tassez avec une planchette pour mettre en contact les graines avec le terreau. Arrosez en pluie fine. Recouvrez d'une feuille de plastique.

Placez près d'une source de chaleur (mini-serre chauffée, radiateur…).

Remarque : ne recouvrez pas les graines, elles ont besoin de lumière pour germer.

● Après 6 semaines, repiquez les jeunes plantules en godets puis plantez en mai.

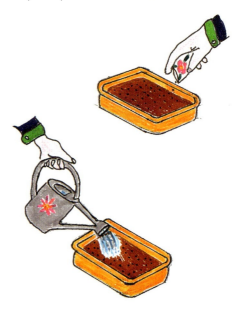

Semis d'Impatiens walleriana âgées de 4 semaines

Le bouturage

Les multiplier par bouturage est facile : bouturez l'extrémité des tiges dans un verre d'eau ou dans du terreau léger.

Les étapes

- Avec un couteau aiguisé, prélevez une jeune pousse en prenant soin de couper sous un nœud (3ᵉ ou 4ᵉ) à quelques millimètres sous celui-ci.

- Eliminez les feuilles au ras de la bouture, pour éviter une trop grande évaporation d'eau qui ferait faner la bouture. Retirez les fleurs et boutons floraux.

- Piquez les boutures dans un mélange de terreau et de sable jusqu'au tiers de la tige.

- Arrosez sans excès. Pour améliorer la reprise, couvrir les boutures d'un film plastique. En été, l'enracinement nécessite une quinzaine de jours en plein air.

Remarque : si vous disposez d'une serre ou d'une véranda, le bouturage peut se pratiquer toute l'année.

Autre alternative

Les acheter en mini-mottes (petites plantes commercialisées en mottes), à planter directement en pot ou en jardinière pour le plaisir de les cultiver et de choisir des variétés précises.

Boutures d'Impatiens âgées de 15 jours

Impatiens walleriana en culture en couche

Impatiens walleriana Diamond Pink

Calendrier des tâches d'entretien

Tâches	Janvier	Février	Mars	Avril	Mai	Juin
Plantation					selon les régions	
Arrosage				régulier, plante sensible à la sécheresse		
Fertilisation				régulière, à demi-dose, tous les quinze jours avec un engrais pour plantes fleuries		
Nettoyage					des fleurs fanées pour les variétés à fleurs doubles	
Hivernage		en local frais				
Semis		précoce, au chaud				
Bouturage (de tête)						

Juillet	Août	Septembre	Octobre	Novembre	Décembre
régulier, plante sensible à la sécheresse					
régulière, à demi-dose, tous les quinze jours avec un engrais pour plantes fleuries					
des fleurs fanées pour les variétés à fleurs doubles					
à environ 18° C					

Impatiens walleriana Pink Ruffles

Impatiens walleriana Cupido abric

Mélange d'Impatiens
walleriana Stardust

Mélange d'Impatiens walleriana Cajun

Crédit photographique
Thompson et Morgan couv,
pp. 20-21, 39, 40
Fabienne Andrès pp.1, 4 gauche, 5
24-25, 31, 32
P. Baumaux pp. 2, 8
Jardin Express pp. 4 droite,
12-13, 16-17, 26, 28, 33, 36, 37

Illustrations
Philippe Andrès pp. 30, 31, 32

Texte
Fabienne Andrès

Avec nos remerciements à
M. Philippe Baumaux,
M. Jean-Pierre Bureau,
M. Serge Voltz,
Mme Ransome
(Thompson et Morgan)
Mme Johansson (Jardin Express)

Conception
Françoise Helluy

Maquette Soféric

© Éditions S.A.E.P.
68040 Ingersheim

Dépôt légal 1er trim. 2003
n° 2.727

Imprimé en U.E.

Quelques bonnes adresses

Chez les horticulteurs et les bonnes jardineries et

Pour l'achat des graines :

Graines Baumaux
    54062 NANCY Cedex
    Tél. 03.83.15.86.86

Graines Thompson et Morgan
    77401 LAGNY SUR MARNE
    Tél. 01.60.07.91.48

Pour l'achat des jeunes plants :

Jardin Express, le spécialiste des mini-mottes
    80203 PERONNE
    Tél. 03.22.85.77.44

Pour l'achat des plantes adultes :

Bureau et Fils
    49170 SAVENNIERES
    Tél. 02.41.72.21.67